ABÉCÉDAIRE

MÉTHODIQUE,

À L'USAGE

DES ÉCOLES PRIMAIRES,

POUR

FACILITER AUX ENFANS DU PREMIER AGE

L'ART D'ÉPELER ET DE LIRE EN FRANÇAIS.

PAR UN AMI DE LA JEUNESSE.

BELFORT, J.-P. CLERC, Editeur.
ALTKIRCH, BOERER, Libraire; DURTHALLER, Libraire.
COLMAR, J.-B. GENG, Libraire.
HÉRICOURT, L. SURLEAU, Libraire.
MULHOUSE, LOEBNITZ, Libr.; J. P. RISSLER, Imprimeur–Libraire; Fr. PERRIN, Libraire.
...N, L. JOBIN et Th. JOBIN, Libraires.

ABÉCÉDAIRE

MÉTHODIQUE,

A L'USAGE

DES ÉCOLES PRIMAIRES,

POUR

FACILITER AUX ENFANS DU PREMIER AGE

L'ART D'ÉPELER ET DE LIRE EN FRANÇAIS.

PAR UN AMI DE LA JEUNESSE.

QUATRIÈME EDITION.

BELFORT, J.-P. CLERC, Editeur,
ALTKIRCH, BOERER, Libraire; DURTHALLER,
    Libraire.
COLMAR, J.-B. GENG, Libraire.
HÉRICOURT, L. SURLEAU, Libraire.
MULHOUSE, LOEBNITZ, Libr.; J. P. RISSLER,
    Imprimeur-Libraire; Fr. PERRIN, Libraire.
THANN, L. JOBIN et Th. JOBIN, Libraires.

AVIS DE L'AUTEUR.

En examinant cet Ouvrage, le Public verra combien l'on a mis de soin pour y répandre cette clarté méthodique si nécessaire aux enfans du premier âge, et pour y donner une supériorité bien marquée sur l'*A, B, C*, connu sous le nom de *Saint-Nicolas*.

En effet, l'*A, B, C, de Saint-Nicolas* nous a paru aussi diffus dans sa rédaction, qu'il est insuffisant dans les leçons qu'il renferme.

Personne n'ignore que la chose la plus simple dans les sciences paraît hérissée de difficultés, lorsqu'on ne la connaît pas encore. Le talent du maître doit donc consister à vous présenter cette chose sous le rapport le plus exact, le plus clair et le plus facile à retenir : c'est ce que l'*Auteur de l'A, B, C, de Saint-Nicolas* avait trop négligé, et c'est ce qu'on a beaucoup soigné dans ce nouvel Ouvrage.

Non-seulement, ce nouvel *Abécédaire* offre des leçons claires et précises aux enfans du premier âge ; il en offre encore à ceux d'un âge plus avancé. Il renferme un *Abrégé de la Grammaire Française*, où chacun pourra être à même de puiser quelques connaissances nouvelles, ou quelques principes échappés à sa mémoire.

Enfin pour donner à cet *Abécédaire* toute la perfection désirable, on l'a augmenté et embelli de quelques *Fables* fondée sur la plus saine morale, et de quelques *Bouquets* et *Complimens* à l'usage des enfans, lorsque l'année se renouvelle, ou le jour de la *Fête de leurs parens*. Ceci exercera leur mémoire, formera leur esprit et les conduira, par un chemin de fleurs, à la connaissance de leurs devoirs envers les Auteurs de leurs jours.

a b

c d

e f

g h
i j k
l m

n o

p q.

r s

t u

v x

y z

a b c d

e f g h

i j k l

m n o p

q r s t

u v x y z.

A B C D E

F G H I J

K L M N O

P Q R S T

U V X Y Z.

Manière de prononcer les Consonnes.

B	comme	bé.	M	comme	em.
C		cé.	N		en.
D		dé.	P		pé.
F		ef.	Q		qu.
G		gé.	R		er.
H		ache.	S		esse.
J		ge.	T		té.
K		ka.	V		vé.
L		el	Z		zède.

Voyelles.

a e i o u y.

Lettres liées ensemble.

æ	œ	fi	ffi
ff	w	fl	ffl

Il y a trois sortes d'*e*, l'*e* muet, l'*é* fermé, et l'*è* ouvert :

Nota. Le Maître aura soin de faire remarquer à son élève ces trois sortes d'*e*, et de les lui faire répéter, chacun séparément, aussi souvent qu'il sera nécessaire pour lui en rendre la prononciation familière.

DEUXIEME LEÇON.

Monosyllabes composées d'une consonne et d'une voyelle.

Ba	bé	bi	bo	bu
Ca	cé	ci	co	cu
Da	dé	di	do	du
Fa	fé	fi	fo	fu
Ga	gé gue	gi	go	gu
Ha	hé	hi	ho	hu
Ja	jé	ji	jo	ju
Ka	ké	ki	ko	ku
La	lé	li	lo	lu
Ma	mé	mi	mo	mu
Na	né	ni	no	nu
Pa	pé	pi	po	pu
Qua	qué	qui	quo	quu
Ra	ré	ri	ro	ru
Sa	sé	si	so	su
Ta	té	ti	to	tu
Va	vé	vi	vo	vu
Xa	xé	xi	xo	xu
Za	zé	zi	zo	zu

Monosyllabes formées d'une voyelle et d'une consonne.

Ab	eb	ib	ob	ub
Ac	ec	ic	oc	uc
Ad	ed	id	od	ud
Af	ef	if	of	uf
Ag	eg	ig	og	ug
Al	el	il	ol	ul
Am	em	im	om	um
An	en	in	on	un
Ap	ep	ip	op	up
Ar	er	ir	or	ur
As	es	is	os	us
At	et	it	ot	ut
Av	ev	iv	ov	uv
Ax	ex	ix	ox	ux
Az	ez	iz	oz	uz

Monosyllabes composées de deux syllabes et d'une voyelle.

Bla	ble	bli	blo	blu
Bra	bre	bri	bro	bru
Cha	che	chi	cho	chu

Cra	cre	cri	cro	cru
Dra	dre	dri	dro	dru
Fla	fle	fli	flo	flu
Fra	fre	fri	fro	fru
Gla	gle	gli	glo	glu
Gra	gre	gri	gro	gru
Gua	gue	gui	guo	guu
Pla	ple	pli	plo	plu
Pra	pre	pri	pro	pru
Pha	phe	phi	pho	phu
Spa	spe	spi	spo	spu
Sta	ste	sti	sto	stu
Tla	tle	tli	tlo	tlu
Tha	the	thi	tho	thu
Vra	vre	vri	vro	vru

Voyelle précédée et suivie d'une consonne.

Bel	bar	bil	bol	bis
Cap	cep	cop	dur	dol
Fer	fol	fur	gar	ger
Ker	kor	lol	lot	mur
Mal	mer	mat	nul	nil
Par	per	pur	rar	ror

Sol	sel	sot	sur	sus
Tel	tuf	val	vil	vis

Voyelle qui fait seule la syllabe.

A mi	a mont	é té	ı ci
â gé	ô té	ni é	no é
E pée	é cu	du o	su a
E tang	é pi	o val	ni a
U sa	i ra	u sé	ru a
O ta	u ni	mu é	fé e
O sa	é lu	é pars	a gir

Lettres accentuées.

é (aigu)

à è ù (graves).

â ê î ô û (circonflexes).

ä ë ï ö ü (trémas).

Nota. Le Maître expliquera ici ce que c'est que les lettres accentuées , etc.

TROISIÈME LEÇON.

∞∞∞∞∞∞∞∞∞

Mots à épeler composés de deux et plusieurs syllabes, pour servir d'exercice aux commençans.

A mi	ar mée	al lé	i ra
Or né	e xil	fé al	fe ra
Mi di	son na	no ël	frap per
Pâ té	zé ro	bat tu	bon bon
Mè re	pa pa	pâ tre	fu mer
E pis	ce ci	cé da	ci té
Fi ni	bâ ti	mu ni	fi a
Vo mi	pâ ti	fi xa	li ra
Ru sé	la vé	mê me	li mé
Maî tre	ti ré	rô ti	mû ri
Pâ mé	ra vi	pu ni	ma ri
Du rée	sé vi	fu ma	zè le
Mi ré	pa ré	po sé	ra sé
Ho là	hâ té	do ré	ti ra
Pâ te	po li	suc cès	ra mé
Na gé	bé ni	bo bo	co co
Hâ lé	hur lé	vo lé	ab bé

Ad mi ré. ex ci té. a pô tre. op-
po sé. o bli gé. al té ré. hé ro ï ne.
ab so lue. af fa mé. sa mu el. pro-
me né. em pâ lé. ir ri té. al lu mé.
fi li al. mé tal. mu tu el. bo ré al.
blâ mé. bos su.

QUATRIÈME LEÇON.

*Mots alphabetiques composés. de deux
syllabes.*

At las. ac teur. ar bre ac tif. a-
prêt. ad joint. bar bet. bou ton. ban-
quet. bou quet. ba din. bil lard. boi-
teux. Col mar. can ton. cou pé. ca-
not. cail lou. cap tif. dé part. de-
main. doc teur. dé sir. dou leur. dra-
peau. dou ble. dou ceur. dé mon. esprit. é tang. em prunt. ex cès. en-
nui. es poir. four neau. four mi.
four gon. flam beau. for ger. fro-
ment. fur tif. gar çon. gen til. gen-

dre. ga zon. gé nie. glo be. hi bou.
hi ver. ha bit. hé ros. hé las.
har di. im pie. im pôt. in tact.
in stinct. ja loux. ju meau. jour-
nal. ker mès. ka li. ly cée.
lan gue. le çon. li gnée. loin tain.
lar geur. lon gueur. mar bre. maison. meu ble. mou choir. mou ton.
man chon. nou veau. no ble.
nais sant. nom bre. noy au. oiseau. ob jet. or gueil. o deur. oi-
sif. or ge. or gue. œu vre. œil-
let. puis sant. pou drer. poi son.
pois son. pui ser. prai rie. qua tre.
quar ré. quin tal. ra meau. ra deau.
ran çon. ri val. sa bath. sei gneur.
so phie. sa bot. so leil. sa vant. ton-
neau. ta bleau. ta bac. tail leur. tan-
neur. ta lon. u ni. ur ne. ur gent.
va cant. veu ve. vo leur. val lon.
va leur. xa vier. xy lon. yeu se.
zig zag. zé ro. zé phir. zone.

CINQUIÈME LEÇON.

Mots alphabétiques composés de trois syllabes.

A men der. ac com pli. ap pli-
quer. ap pa rent. ba lan ce. bi zar-
re. bro du re. bou lan ger. cha pel-
le. char pen te. ca ne vas. car tou-
che. ché ru bin. di li gent. dis tin-
gué. dé pra ver. dé si reux. élé-
ment. en fan ce. é lé phant. é cu-
me. four nis seur. fri vo le. fri-
pon ner. fé vri er. fir ma ment.
gé né ral. gé né reux. gar ro ter. ga-
lo per. ha bi tant. ho ri zon. ha-
zar der. hor lo ger. im pu dent.
im por tun. in dé vot. i ma ge.
in dul gent. jeu nes se. ju pi ter.
jou is sant. ja cin the. join tu re.
li bé ral. la bou reur. li mou sin. li-
qui de. lu mi neux. lu zer ne. me-
su re. mé tai rie. mo ra le. mé-
de cin. mé san ge. mo des tie. né-

gli gent. nu mé ro. na tu rel. na-
tu re. nou veau té. or gueil leux.
oc ci dent. o ri ent. o ra cle. pai si-
ble. par se mer. par fu mer. per sis-
ter. psal mo die. per ma nent.
quel con que. quar ré ment. quan ti-
té. qua li té. qua ter ne. ré trac ter.
ré ci ter. raf fi ner. ra mo neur.
ré flé chi. sub stan tif. sé duc teur.
sé jour ner. sa ge ment. sa lu bre.
sa ty re. sa lu er. ta pis ser. tor tu-
re. tri bu nal. ton ne lier. ta mi ser.
va can ce. vo lon té. va ga bond.
va la ble. ven dan ge. ver tu eux.
xan tip pe. xi phi as. y pre au.
zé lan de. zof fin gen. zé la teur.
zi za nie. zin zo lin.

SIXIÈME LEÇON.

*Mots alphabétiques composés de quatre
syllabes.*

Ar ran ge ment. ar bi tra ge.
a mu se ment. bour don ne ment.

ba di na ge. bo ni fa ce. cul ti va-
teur. ca va li er. cal cu la teur do-
mes ti que. dé jec ti on. do mi ni que.
dé ca li tre. dé bon nai re. ex cel-
len ce. es pé ran ce. en ga ge ment.
four mi li ère. fi nan ci er. four ni-
tu re. gram mai ri en. gou ver ne-
ment. gar de ro be. ho no ra ble.
hon nê te té. hor lo ge rie. i ni mi tié.
im pri me rie. jar di na ge. jé ru sa-
lem. jus ti ci er. jour na li er. li mo-
na de. lo go gri phe. la ti tu de.
lé gis la teur. lon gi tu de. men di-
ci té. mil li mè tre. mal fai san ce.
mor ta li té. na ï ve té. né go ci-
ant. nour ri tu re. na ti vi té. os-
ten si ble. o li gar chie. o bé is sant.
o li vâ tre. plai san te rie. pra ti ci-
en. promp ti tu de. per ni ci eux.
pai si ble ment. pas to ra le. qua ran-
tai ne. qua dru pè de. que rel leu se.
res pon sa ble. ré tro ac tif. res tau ra-
teur. ré cé pis sé. so ci é té. sar ba ca-

ne. sa lu tai re. sa cra men tal. ten ta ti on. to po gra phie. ta ton ne ment. vi va ci té. ver ba le ment. ver si fier. vir gi ni té. vé lo ci té. vé ra ci té xy lo gro phie. zé té ti que. zo o lo gie. zo o ni que.

SEPTIÈME LEÇON.

Mots alphabétiques composes de cinq syllabes.

Ab né ga ti on. a ban don ne ment. ab so lu ti on. ad mi nis tra teur. a ca dé mis te. bi bli o thè que. ba bi lo ni en. ca té chu mè ne. ca tho li cis me. con so la ti on. con cu pis cen ce. dé ca pi ta teur. dé cou ra ge ment. dé non ci a teur. dis pa ru ti on. ef fi ca ci té. en ve lop pe ment. é du ca ti on. é nig ma ti que. fon da men ta le. fal si fi ca teur. franc ma çon ne rie. fé dé ra ti on. gé né ra li té. gé o gra phi-

que.   gé né reu se ment.   hé mas-
ta ti que. ha bi ta ti on. her mé ti-
que ment. in ca pa ci té. ins ti ga-
ti on. ir ré cou vra ble. in flam ma tion. ju ris pru den ce. ju ri dic ti on.
ju ris con sul te. la men ta tion. la-
bo ra toi re. la bo ri eu se. la co ni-
que ment. ma cé do ni en. ma cé ra-
ti on.   ma gis tra tu re.   mal heu-
reu se ment. mé di o cre ment.
o bli ga ti on.   or tho gra phi er.
ob sti na ti on. per pé tu i té. pé-
né tra ti on.   pers péc ti ve ment.
ré con ci li er. re con nais san ce.
ré ci pro que ment. sé pa ra ti on.
scru pu leu se ment. sa cri fi ca-
teur.   sci en ti fi que.   ta ci tur ni-
té.   tem po rai re ment. u ni ver-
si té. u na ni me ment. ul cé ra-
ti on. u su frui ti er. ven dé mi-
ai re.   vo ca bu lai re.   vé ri fi ca-
teur.

HUITIÈME LEÇON.

Mots alphabétiques composes de six et plusieurs syllabes.

Ad ju di ca ti on.   ad mi nis tra ti ve ment. ad ju di ca tai re. af fec tu eu se ment. bé né fi ci ai re. bo ni fi ca ti on. bé a ti fi ca ti on. con stan ti no po li tain. con sci en ti eu se ment. co o pé ra ti on. ca té go ri que ment. ca pi tu la ti on. dé no mi na ti on.   dé so bé is san ce. dé fec tu o si té. dé mon stra ti ve ment. dé sal té ra ti on. é man ci pa ti on. é ven tu el le ment. é va lu a ti on. ex tra or di nai re ment. fé li ci ta ti on. fa mi li è re ment. gra ti fi ca ti on. gra du el le ment. gé né ra lis si me. ho no ri fi que ment. her bo ri sa ti on. ho ri zon ta le ment. har mo ni eu se ment. in vi o la bi li té. im mé di a te ment. im per tur ba bi-

li té. i no cu la ti on. in com pa ti-
bi li té. in nom bra ble ment. jus-
ti fi ca ti on. ju di ci ai re ment.
lé gi ti ma ti on. la cé dé mo ni en.
lé ga li sa ti on. la bo ri eu se ment.
mu ni ci pa li té. mé ta pho ri que-
ment. ma nu fac tu ri er. mi né ra lo-
gi que. mi ra cu leu se ment. mo-
no po li sa ti on. né go ci a ti on. o-
pi ni â tre té. or ga ni sa ti on. of-
fi ci el le ment. pa ra lel li pè de.
pu ri fi ca toi re. per pen di cu-
lai re. per pé tu el le ment. pé-
pi ni é ris te. pro non ci a tion. ré-
ci pi en dai re. re non ci a ti on.
re li gi eu se ment. ré con ci li a ti on.
re com man da ti on. ré pu bli ca-
nis me. sep tu a gé nai re. spé ci fi ca-
ti on. sep ten tri o na le. tem po ri-
sa ti on. ta bel li o na ge. ter gi-
ver sa ti on. u ni ver sel le ment.
ul té ri eu re ment. va lé tu di nai re.
vic to ri eu se ment.

LECTURES DIVERSES.

NEUVIÈME LEÇON.

Des devoirs envers Dieu.

1.

C'est Dieu qui nous a créés, qui a fait le Ciel, la Terre, et tout ce qui existe, il nous a mis au monde, pour le servir, l'aimer et ensuite être heureux avec lui, dans l'éternité. Il pourvoit chaque jour à nos besoins, et soutient notre existence : pour tout cela, mes enfans, il mérite notre reconnaissance.

2.

Il nous a doués de raison, pour distinguer le bien du mal ; n'en abusons point : aimons les vertus, détestons les vices, pour lui plaire en tout; c'est le premier et le plus grand de nos devoirs.

3.

Dieu est présent partout, sur la Terre aussi bien que dans le Ciel; il voit toutes nos actions, même les plus secrètes, et rien ne lui est caché : gardez-vous de pécher en secret; le péché, pour être caché aux yeux du monde, n'est pas moins un péché aux yeux de Dieu; soit donc que le péché se commette ouvertement, soit qu'il se commette en secret, il offense toujours ce Dieu de bonté, et peut nous rendre malheureux pour l'éternité.

4.

Toujours bon et juste, Dieu punit nos crimes et récompense nos vertus; évitons, par une bonne conduite, la rigueur de ses châtimens, et si, par malheur, nous l'offensons, recourons à lui avec un sincère repentir : il aime mieux pardonner que nous punir.

5.

L'amour d'un Dieu si bon doit seul vous conduire; mais pour lui prouver que nous l'aimons sincèrement, il est de notre devoir de nous garder sans cesse de faire ce qui peut lui déplaire ou l'offenser.

6.

Dieu est tout-puissant, mes enfans, et peut nous donner tout ce dont nous avons besoin. C'est par la prière jointe à une entière confiance en lui, que nous pouvons obtenir tout ce qui nous est nécessaire pour notre bien spirituel et temporel.

7.

Tous nos besoins lui sont connus, ainsi que toutes nos misères; mais pour obtenir son secours, il faut le prier sans cesse, et pour rendre nos prières efficaces, ne lui demandons jamais que ce qui est conforme à sa volonté et à sa sagesse.

8.

Si vous priez Dieu, voici à peu près la manière de le prier : mon Dieu, vous m'avez mis au monde, pour vous aimer, pour vous servir, et pour opérer mon salut; vous savez mieux que moi quels sont mes vrais besoins : je m'en rapporte à votre bonté, donnez-moi ce que vous savez m'être nécessaire, avec toutes les vertus pour vous plaire.

9.

Si vous mettez en Dieu toute votre espérance, mes enfans! vous êtes heureux. Chaque jour vous avez besoin d'implorer sa bonté : si vous êtes dans la souffrance, il vous consolera; ayez soin seulement, de le servir dans le malheur aussi bien que dans la prospérité, et ne perdez jamais la confiance.

10.

Pour servir Dieu, comme il l'exige, il faut remplir, chaque jour, les devoirs qu'il nous impose; aimer le prochain, le malheureux surtout, leur porter du secours, et remplir exactement les devoirs de l'état où sa providence nous a placés.

DIXIÈME LEÇON.

Des Devoirs envers les Pères et Mères.

1.

CONSIDÉREZ, mes chers enfans, quel droit ont sur vous vos pères et mères : vous leur devez le jour; ils vous ont élevés, nourris, et vous ont prodigué, dès votre naissance, des soins et des peines infinis; vous

leur devez donc la reconnaissance;
vous devez les aimer sincèrement,
et, comme leur unique but est de
faire votre bonheur, vous leur devez
enfin une entière obéissance.

2.

Récompensez, par votre attache-
ment à vos parens, les soins qu'ils
veulent bien vous donner chaque
jour; obéissez-leur en tout ce qu'ils
vous commandent, moins par
crainte ou par devoir que par amour.
Ils désirent votre bonheur, et si
par fois ils ont des caprices, qu'ils
se trompent même, votre amour
filial doit leur pardonner cette er-
reur, et aimer et bénir jusqu'à leurs
injustices.

3.

S'il arrive qu'ils vous soupçon-
nent à tort, et qu'ils vous gron-
dent sans raison, souffrez-le sans
vous plaindre; vous êtes innocent,

votre cœur vous le dit, eh bien! cela suffit, il faut leur pardonner.

4.

Les enfans gâtés, qu'on n'ose, par une faiblesse criminelle, ni corriger ni punir dans leur enfance, sont les plus à plaindre, leur éducation sera manquée; ils en sentiront les effets dans un âge plus avancé. Il faut donc désirer plutôt la sévérité des pères et mères, que leur indulgence, pour ne pas être dans le cas, de les accuser dans la suite d'une complaisance déplacée.

5.

Vous devez, pour plaire à vos parens, connaître à leurs yeux, les commandemens qu'ils veulent vous donner; un regard doit suffire pour vous instruire de ce qu'ils demandent de vous; évitez, par votre conduite régulière, que le chagrin ne se montre jamais dans leurs yeux, et méritez un doux sourire.

6.

Le principal de vos devoirs envers vos pères et mères, est une prompte obéissance; lorsqu'ils vous commandent quelque chose, vous devez être persuadés que leurs ordres ne tendent qu'à votre avantage. Ne résistez donc jamais à leurs ordres, obéissez-leur promptement, et sans demander la cause, car souvent il est dangereux d'attendre; un moment de retard peut vous exposer : obéissez donc de suite, et après vous pourrez interroger.

7.

Vos parens vous diront alors la raison de l'ordre qu'ils vous ont donné, ils vous convaincront de son utilité; mais que d'abord votre confiance en eux leur prouve que vous savez abandonner votre cœur à leurs soins : la docilité est le premier de vos devoirs.

8.

Vous leur entendez souven dire, prenez garde : l'amour qu'ils vous portent veille toujours sur vous : ils prévoient les dangers auxquels votre âge vous expose à chaque instant, ils veulent vous en sauver; c'est là leur soin le plus doux.

9.

Si vous avez le malheur, mes enfans, de chagriner vos pères et mères, ne vous inquiétez pas s'il se chagrinent avec raison; ne pensez qu'à leur affliction, et que rien ne vous coûte, pour la faire cesser : votre repentir sera pour eux la plus douce satisfaction.

10.

S'ils remarquent des défauts en vous et qu'ils vous les reprochent pour vous en corriger, leur peine sera inutile, si vous ne changez de conduite; gardez-vous alors de produire de vaines excuses : les excuses ne vous disculperont pas à leurs yeux, mais bien un prompt changement.

11.

Que vos promesses d'amendement soient toujours sincères, et que vos efforts prouvent que vous voulez vous corriger, ce sont les actions, et non les paroles, qui pourront leur faire juger, avec raison, que vous désirez sincèrement devenir meilleurs.

12.

Si par fois il arrive que votre père s'irrite, qu'il vous gronde, qu'il vous punisse même dans sa colère, ne doutez cependant pas qu'il ne soit votre vrai, votre meilleur ami; car lors même qu'il se fâche, qu'il vous punit, il le fait pour votre bien, et son cœur en souffre plus que vous.

13.

Si l'exemple de vos pères, mes enfans, vous présente quelques vertus à suivre, faites votre possible pour les imiter; si au contraire ils ont quelques défauts, prenez soin de les éviter; pardonnez-les leur, et pensez que nul homme n'existe sans avoir des défauts; mais que les défauts, que vous remarquerez dans autrui, vous servent à vous rendre meilleurs.

ABRÉGÉ
DE LA
GRAMMAIRE FRANÇAISE.

ONZIÈME LEÇON.

DE LA GRAMMAIRE.

DEMANDE.

Qu'enseigne la Grammaire ?

RÉPONSE.

La *Grammaire* nous apprend l'art de parler et d'écrire correctement. Pour écrire et parler, on se sert de mots qui se composent de lettres.

D. *Combien avons-nous de sortes de lettres ?*

R. Il y a deux sortes de lettres, les *voyelles* et les *consonnes*.

D. *Faites-moi connaître les premières ?*

R. Les *voyelles* sont *a, e, i, o, u, y*. On les appelle *voyelles*, parce que, seules et sans le secours des consonnes, elles forment un son.

D. *Quelles sont les consonnes ?*

R. b, c, d, f, g, h, j, k, l, m, n, p, q, r, s, t, v, x, z.

D. *Comment appelez-vous un assemblage de mots formant un sens ?*

R. Un assemblage de mots se nomme *phrase*, et plusieurs phrases réunies ensemble forment le discours.

D. *Combien entre-t-il de sortes de mots dans le discours ?*

R. Dix, savoir : le *nom*, l'*article*, l'*adjectif*, le *pronom*, le *verbe*, le *participe*, la *préposition*, l'*adverbe*, la *conjonction* et l'*interjection*.

DU NOM.

D. *Qu'est-ce que le nom ?*

R. Le nom est un mot qui sert à nommer une personne ou une chose, comme *Auguste*, *Eugène*, *livre*, *chapeau.*

D. *N'y a-t-il pas plusieurs sortes de noms?*

R. Il y en a de deux sortes, savoir : les *noms communs* et les *noms propres.*

D. *Quels sont les noms communs?*

R. Les noms *communs* sont ceux qui conviennent à plusieurs personnes ou à plusieurs choses semblables : *jardin, homme, fleur,* sont des noms communs, parce qu'ils conviennent à plusieurs jardins, à plusieurs hommes, à plusieurs fleurs.

D. *Quel est le nom propre?*

R. Le nom *propre* est celui qui ne convient qu'à une seule personne ou à une seule chose : *Moise, Josué, Rome,* le *Tibre,* sont des noms propres.

D. *Que faut-il considérer dans les noms?*

R. Il faut considérer le *genre* et e *nombre.*

D. *Combien y a-t-il de genres?*

R. Deux, le genre *masculin* et le genre *féminin*. Le genre *masculin* s'applique aux noms d'*hommes* ou de *mâles*, et le genre *féminin* aux noms de *femmes* ou de *femelles*.

D. *Combien y a-t-il de nombres?*

R. Deux, le *singulier* et le *pluriel*.

D. *Qu'est-ce que le singulier?*

R. Un nom est au *singulier* lorsqu'il ne désigne qu'une seule personne, ou une seule chose : ainsi le *tambour*, la *trompette*, sont des noms singuliers.

D. *Qu'est-ce que le pluriel?*

R. Le *pluriel* marque plusieurs personnes, ou plusieurs choses. Les *tambours*, les *trompettes*, sont des noms pluriels.

D. *Comment la plupart des noms se terminent-ils au pluriel?*

R. Par les lettres *s* et *x*. Exemple : les *pères*, les *mères*, les *maisons*, les *arbres*, les *chapeaux*, les *châteaux*, les *joujoux*.

DE L'ARTICLE.

D. *Qu'est-ce que l'article?*

R. L'article est un petit mot que l'on met devant les noms, et qui en fait connaître le genre et le nombre.

D. *Combien avons-nous d'articles?*

R. Il n'y a qu'un article qui est *le*, masculin singulier. Il se change en *la*, au féminin singulier, et en *les* au pluriel des deux genres.

Exemple :

Masculin Singulier.	Féminin Singulier.	Pluriel des deux genres.
Le lion.	La lionne.	Les lions.
		Les lionnes.

D. *Quelle remarque faites-vous sur l'article?*

R. Je remarque que lorsque le mot qui suit l'*article* commence par une voyelle, ou par une *h* muette,

(40)

on retranche, dans l'article, la lettre *e*, ou la lettre *a*, qu'on remplace par une apostrophe (').

Exemple :

l'*Epée*, pour *la* épée.

l'*Enfant*, pour *le* enfant.

D. *N'avez-vous plus rien à me dire sur l'article ?*

R. L'*article* devient quelquefois particule, et alors il se change en *du*, *des*; *au*, *aux*; comme dans ces phrases : le palais *du* Roi, le bruit *des* tambours : les enfans sont *au* jardin.

DE L'ADJECTIF.

D. *Qu'entendez-vous par adjectif ?*

R. L'*adjectif* est un mot que l'on ajoute au nom, pour marquer la qualité d'une personne ou d'une chose.

D. *Dites-moi quelques phrases où se trouvent des adjectifs ?*

R. Le *bon* père aime ses enfans. Un enfant *aimable*. L'enfant qui étudie sera *savant*.

Dans ces phrases, les mots *bon*, *aimable*, *savant*, sont des adjectifs qui marquent la qualité du père et de l'enfant.

D. *Comment connaît-on qu'un mot est adjectif?*

R. Un mot est adjectif lorsqu'on peut y joindre, en formant un sens, le mot *personne*, ou *chose*. Ainsi, *charitable*, *utile*, sont des adjectifs, parce qu'on peut dire *personne charitable*, *chose utile*.

D. *Comment l'adjectif s'accorde-t-il avec le nom auquel il est joint?*

R. L'*adjectif* prend toujours le même genre et le même nombre que le nom qui le gouverne. *Exemple* :

Le *beau livre*,   les *beaux livres*.
La *belle fleur*,   les *belles fleurs*.

DU PRONOM.

D. *Qu'est-ce que le pronom?*

R. Le *pronom* est un mot qui tient la place du nom.

D. Combien avons-nous de sortes de pronoms ?

R. Six sortes, savoir : les *pronoms personnels*, les *pronoms possessifs*, les *pronoms démonstratifs*, les *pronoms relatifs*, les *pronoms absolus*, et les *pronoms indéfinis*

D. Faites-moi connaître les pronoms personnels ?

R. Les *pronoms personnels* sont ceux qui tiennent lieu du nom des personnes. Ils sont des deux genres et des deux nombres. *Je* ou *moi, me, nous; tu* ou *toi, te, vous; il, elle, ils, elles, lui, le, la, leur, les, soi, se.*

D. Indiquez-moi quels sont les pronoms possessifs ?

R. Les *pronoms possessifs* sont ceux qui marquent qu'une chose vous appartient, ou appartient à quelqu'un, tels que *mon, ton, son, notre, votre, ma, ta, sa, mes, tes, ses, nos, vos, leurs, le mien, le tien, le sien, la mienne,* etc.

D. *Qu'est-ce que les pronoms démonstratifs?*

R. Les *pronoms démonstratifs* servent à montrer la chose dont on parle. *Ce, cet, cette, celui, celle, ceci, cela, ces, ceux, celles,* sont des pronoms démonstratifs.

D. *Expliquez-moi ce que sont les pronoms relatifs?*

R. On appelle *pronoms relatifs* ceux qui se rapportent aux noms, aux pronoms qui les précèdent. Tels sont *qui, que, quoi, lequel, laquelle, dont.* Par exemple dans cette phrase, l'enfant *qui* étudie, le pronom relatif *qui* se rapporte au nom enfant.

D. *Qu'entend-on par pronom absolu?*

R. Les *pronoms absolus* sont *qui, que, quoi, quel, lequel,* lorsqu'ils sont employés sans rapport à un nom qui précède, comme dans ces phrases : *qui* pourrait ne pas s'humilier devant Dieu? *quel* est le guerrier de l'antiquité le plus célèbre? c'est Alexandre.

D. Dites-moi quels sont les pronoms indéfinis ?

R. Les *pronoms indéfinis* sont *on, quelqu'un, chacun, quiconque, personne, rien, autrui, l'un, l'autre, plusieurs, même, nul, aucun,* etc.

Ces pronoms s'appellent *indéfinis,* parce qu'ils expriment un objet vague et indéterminé. Quand je dis : *on* s'amuse ; *quelqu'un* m'a parlé de vous ; *je* parle d'une personne que cependant je ne désigne pas.

DU VERBE.

D. Qu'est-ce que le verbe?

R. Le *verbe* est un mot par lequel on exprime que l'on est, ou que l'on fait quelque chose; ainsi *j'aime* est un verbe, puisqu'il exprime à la fois que je suis et que je fais l'action d'aimer.

D. *Comment reconnaissez-vous qu'un mot est un verbe ?*

R. Un mot est un *verbe* lorsqu'on peut le conjuguer.

D. *Comment conjugue-t-on un verbe ?*

R. En y ajoutant ces pronoms, *je, tu, il, nous, vous, ils; exemple:* *je* mange, *tu* manges, *il* mange, *nous* mangeons, *vous* mangez, *ils* mangent.

D. *Combien avons-nous de sortes de verbes ?*

R. Trois sortes, le *verbe actif*, le *verbe passif*, et le *verbe neutre*.

D. *Faites-moi connaître le verbe actif ?*

R. Le *verbe actif* est celui qui marque une chose faite par la personne qui parle, ou par celle dont

on parle. *Exemple* : Paul aime l'é-
tude; j'aime les enfans sages. Dans
la première phrase, l'action d'aimer
est faite par Paul qui est la personne
dont on parle. Dans la seconde l'action d'aimer est faite par celui qui
parle.

D. *Qu'est-ce que le verbe passif?*

R. Le *verbe passif* est celui qui
exprime une action reçue ou souf-
ferte par la personne qui parle, ou
par celle dont on parle. *Exemple :*
ma sœur est aimée; je suis aimé.
Dans ces deux phrases, il est facile de voir que l'action d'aimer
n'est point faite, mais bien souf-
ferte par la personne dont on parle
et par celle qui parle.

D. *Indiquez-moi quel est le
verbe neutre?*

R. Le *verbe neutre* n'exprime ni
une action faite, ni une action
reçue, mais il marque seulement

l'état, la situation de la personne qui parle ou de celle dont on parle. *Je repose, Auguste dort, je pense, vous rêvez,* sont des verbes neutres.

D. *Combien le verbe a-t-il de temps principaux ?*

R. Un *verbe* a trois temps principaux qui sont le *présent,* le *passé* et le *futur.* Le *présent* marque une chose qui se fait, comme *je danse, tu danses.* Le *passé* marque une chose déjà faite, comme *j'ai dansé, tu as dansé.* Le *futur* marque une chose qui se fera, comme *je danserai, tu danseras, il dansera.*

D. *N'avons-nous pas des verbes auxiliaires ?*

R. Nous avons deux verbes auxiliaires qui sont *avoir* et *être.*

D. *Pourquoi les appelle-t-on auxiliaires ?*

R. Parce qu'ils servent à conjuguer les autres verbes dans leurs temps composés.

Exemple :

J'ai reçu.   Je suis tombé.
Tu as reçu.   Tu es tombé.
Il a reçu.   Il est tombé.

DU PARTICIPE.

D. *Faites-moi connaître le participe ?*

R. Le *participe* dérive du verbe et s'emploie quelquefois comme adjectif : tels sont les participes *aimé, chéri,* qui, dans ces deux phrases, il est *aimé,* il est *chéri,* tiennent en effet de l'adjectif.

D. *Combien y a-t-il de participes dans un verbe ?*

R. Deux, le *participe présent* et le *participe passé ?*

D. *Quels sont les participes présens ?*

R. Les *participes présens* ou gérondifs, sont *aimant, lisant, étudiant, chantant,* etc.

D *Quels sont les participes passés ?*

R. Aimé, lu, étudié, chanté, etc., sont des *participes passés.*

DE LA PRÉPOSITION.

D. Expliquez-moi ce qu'on entend par préposition?

R. La *préposition* est un mot indéclinable qui sert à joindre le nom ou pronom qui la suit, au mot qui la précède. *Exemple :* les jeux de l'enfance. On voit, dans cette phrase, que la préposition *de*, marque le rapport qu'il y a entre jeux et enfance.

D. Combien y a-t-il de sortes de prépositions ?

R. Nous en avons de huit sortes, savoir :

Pour marquer la place, *chez, dans, devant, derrière, sur, parmi, sous,* etc.

Pour marquer l'ordre, *avant, après, entre, depuis, dès.*

Pour marquer l'union, *avec,*

pendant, *durant*, *outre*, *selon*, *suivant*.

Pour marquer la séparation, *sans*, *excepté*, *hors*, *hormis*.

Pour marquer l'opposition, *contre*, *malgré*, *nonobstant*.

Pour marquer le but, *envers*, *touchant*, *pour*.

Pour marquer la spécification, *à de*, *en*.

Pour marquer la cause, le moyen, *par*, *moyennant*, *attendu*.

DE L'ADVERBE.

D. *Qu'est-ce que l'adverbe?*

R. *L'adverbe* est un mot qui se joint, soit au verbe, soit à l'adjectif, pour en étendre la signification. Par exemple , dans cette phrase : *Un père aime tendrement son enfant*, on sent que l'adverbe *tendrement* étend la signification du verbe *aimer*.

D. *Combien y a-t-il de sortes d'adverbes ?*

R. Il y en a de six sortes, savoir:

Pour marquer la manière, *tendrement, poliment, sagement, doucement,* etc.

Pour marquer l'ordre, *premièrement, secondement, d'abord, ensuite, après, auparavant.*

Pour marquer le lieu, *où, ici, là, deça, au-delà, dessus, partout, auprès, loin, dedans, dehors, ailleurs.*

Pour marquer le temps, *hier, autrefois, bientôt, souvent, toujours, jamais.*

Pour marquer la quantité, *beaucoup, peu, assez, trop, tant.*

Pour marquer la comparaison, *plus, moins, aussi, autant.*

DE LA CONJONCTION.

D. Expliquez-moi ce que c'est que la conjonction ?

R. La *conjonction* est un mot que l'on emploie pour joindre une phrase à une autre phrase. Exemple. Je lis *et* je m'instruis. Ce mot

et lie la première phrase, je lis,
avec la seconde je m'instruis.

*D. Faites-moi connaître quel-
ques autres conjonctions ?*

*R. Ni, aussi, que, mais, cepen-
dant, néanmoins, pourtant, ou, ou
bien, soit, sinon, quoique, comme,
de même que, de plus, d'ailleurs,
outre que, encore, car, parce que,
puisque, vu que, or, donc, ainsi,
de sorte que, quand, lorsque, si,*
etc. Tous ces mots sont des conjonctions.

DE L'INTERJECTION.

D. Qu'est-ce que l'interjection ?

R. L'*interjection* est un mot
qu'on prononce pour marquer une
affection, un mouvement de l'âme,
comme *ah, hélas, ó, ouf, bon, hà,
fi, oh, eh, zest, ça, chut,* etc.

REMARQUES PARTICULIERES.

*D. Combien la langue française
a-t-elle de personnes ?*

R. Trois, la première, celle qui

parle; la seconde, celle à qui l'on parle; la troisième celle de qui l'on parle.

D. Quand je vous parle, quelle personne suis-je?

R. Vous êtes la première, moi je suis la seconde, et celle de qui vous me parlez est la troisième.

D. Combien y a-t-il de sortes de voyelles ?

R. Il y a deux sortes de *voyelles*, les *longues* et les *brèves*. Les *longues* sont celles sur lesquelles il y a un accent circonflexe (ˆ). On appuie plus long-temps que sur les autres en les prononçant, comme dans ces mots : *pâte, tête, gîte, apôtre, flûte.*

D. Combien y a-t-il de sortes d'e?

R. Trois, l'*e* muet, l'*é* fermé et l'*è* ouvert.

D. Comment reconnaît-on l'e muet ?

R. L'*e* muet n'a point d'accent au-dessus ; comme dans ces mots : *homme, monde, table.* On l'appelle muet, parce que le son en est sourd et peu sensible.

D. *Comment se marque l'é fermé?*

R. Par un accent aigu, (´) comme à la fin de ces mots, *bonté, café, vanité.* Cet *é* se prononce la bouche presque fermée.

D. Comment reconnaissez-vous l'è ouvert?

R. Sur l'*è* ouvert se place l'accent grave (`) comme à la fin de ces mots, *procès, accès succès ;* pour bien prononcer cet *è,* il faut appuyer dessus et desserrer les dents.

R. Quelle remarque faites-vous sur l'h?

R. Je remarque qu'il y en a de deux sortes, savoir : l'*h* muette et l'*h* aspirée.

D. Quelle est l'h muette?

R. C'est celle qui ne se fait point sentir, comme dans ces mots, *l'harmonie, l'hémisphère, l'herbe,* qu'on prononce comme s'il était écrit *l'armonie, l'émisphère, l'erbe.*

D. Quelle est l'h aspirée ?

R. C'est celle qui se fait sentir, comme dans ces mots, la *haine,* le *héros,* le *hameau,* le *hazard,* la *hallebarde.*

DES SYLLABES.

D. Dites-moi ce qu'on entend par syllabes ?

R. On nomme *syllabe,* une ou plusieurs lettres réunies, formant un son ou un double son, qu'on fait entendre par une seule émission de voix. Les mots *vertu, bonté,* se composent de deux syllabes, ou de deux émissions de voix, *ver tu, bon-té,* et chacune de ces syllabes ne forme qu'un son simple.

D. Faites moi connaître quelques syllabes dont le son soit double?

R. Bruit, loi, moi, juif, font entendre un son double par une seule émission de voix.

D. Comment nomme-t-on les mots qui n'ont qu'une syllabe?

R. On les nomme *monosyllabes.*

D. Comment se nomment les autres mots?

R. Les mots composés de deux ou plusieurs syllabes, se nomment *polysyllabes.*

DES ACCENTS.

D. Combien avons-nous d'accens?

R. Trois; l'accent aigu, l'accent grave, et l'accent circonflexe.

L'accent aigu est tiré de droite à gauche (´).

L'accent grave de gauche à droite (`).

Et l'accent circonflexe se forme des deux premiers (^).

D. Faites-moi connaître l'apostrophe?

R. Bruit, loi, moi, juif, font entendre un son double par une seule émission de voix.

D. Comment nomme-t-on les mots qui n'ont qu'une syllabe ?

R. On les nomme *monosyllabes.*

D. Comment se nomment les autres mots ?

R. Les mots composés de deux ou plusieurs syllabes, se nomment *polysyllabes.*

DES ACCENTS.

D. Combien avons-nous d'accens ?

R. Trois ; l'accent aigu, l'accent grave, et l'accent circonflexe.

L'accent aigu est tiré de droite à gauche (´).

L'accent grave de gauche à droite (`).

Et l'accent circonflexe se forme des deux premiers (ˆ).

D. Faites-moi connaître l'apostrophe ?

R. L'apostrophe est une virgule ('). On l'emploie pour marquer le retranchement d'une lettre dans l'article, comme dans ces mots, *l'enfant, l'oiseau, l'habit*, qu'on écrirait, si l'on ne retranchait pas une lettre, *le enfant, le oiseau, le habit.*

D. Qu'est-ce que le tréma?

R. Le *tréma* se forme de deux points (··) qu'on met sur les lettres *i, u, e* muet, quand ces lettres doivent se prononcer séparément de la voyelle qui les précède, comme dans ces mots : *poëme, hair, laïque, cigüe.*

D. Donnez-moi l'explication de la cédille?

R. La *cédille* est une petite virgule qu'on met sous le c, lorsqu'il se trouve devant les voyelles a, o, u, pour avertir qu'il doit être prononcé comme l's. Exemple : *français, maçon, reçu.*

D. À quoi sert le trait d'union?

4

R. Le *trait-d'union* (-) est une ligne horizontale; il sert à lier deux mots. Exemple : *irai-je? irez-vous? donnez-m'en?*

D. Qu'est-ce que la parenthèse?

R. La *parenthèse* est formée de deux lignes courbes, présentant deux demi-cercle ( ). Elle sert à renfermer un sens particulier, qui, quelquefois, est analogue ou distinct de celui de la phrase. Exemple : *Pratiquez le bien* (dit Jésus-Christ) *et le ciel sera votre récompense.*

DE LA PONCTUATION.

D. Qu'entendez-vous par ponctuation?

R. La *ponctuation* sert à séparer les phrases et à marquer le lieu où l'on doit s'arrêter en lisant. Pour cela, on est convenu d'employer les figures ci-après ; savoir : 1.º la virgule (,), 2.º le point et la virgule (;), 3.º les deux points (:), 4.º le point (.), 5.º

le point d'interrogation (?), et
6.° le point d'admiration (!).

D. *A quoi sert la virgule?*

R. La *virgule* sépare les noms,
les adjectifs, les verbes, et les
différentes parties d'une phrase.

Exemple : il y avait différentes
couleurs, la rouge, la noire, la
jaune, la brune.

D. *Comment doit-on employer
le point et la virgule?*

R. Lorsque deux phrases se sui-
vent, et que l'une dépend de l'autre,
on les sépare par le *point* avec la
virgule. Exemple : l'homme qui
n'est que charitable fait l'aumône
indistinctement; mais l'homme sage
ne l'applique qu'aux véritables in-
fortunés.

D. *Quand doit-on se servir des
deux points?*

R. Lorsqu'une phrase est terminée, si l'on veut l'étendre ou l'é-
claircir par une seconde, on sépare

les deux phrases par *deux points.*
Exemple : il faut étudier pendant
l'enfance : car l'étude rend savant
et vous fait estimer dans un âge
plus avancé.

D. *Faites-moi connaître l'usage
du point?*

R. Le *point* se place après la
phrase lorsqu'elle est entièrement
terminée. *Exemple* : la vertu rend
l'homme estimable.

D. *Comment emploie-t-on le
point interrogatif?*

R. Sa dénomination exprime son
usage : on l'emploie à la fin de toutes les phrases qui servent à interroger. *Exemples* : avez-vous été à
l'école? savez-vous bien votre leçon?
votre maître est-il content de vous?

D. *Indiquez-moi l'usage du point
d'admiration?*

R. Le *point d'admiration* ou *d'ex-
clamation* sert à marquer l'admiration, l'étonnement et quelquefois la

douleur. Exemples : *hélas !* comme il m'a frappé ! qu'on est estimable lorsqu'on est vertueux ! que Dieu est bon ! qu'il est juste ! fi ! le méchant homme !

DES LETTRES CAPITALES.

D. Quelles sont les lettres qu'on appelle capitales ?

R. Ce sont les grandes lettres, comme A, B, C, M, etc.

D. Quand doit-on se servir des lettres capitales ?

R. On emploie les lettres *capitales* au commencement des noms propres d'hommes, de femmes, de villes, de rivières, de qualités, etc. *Exemples :* Louis-Philippe, Roi des Français. Monsieur Salvandy, Ministre de l'Instruction publique. Monsieur Bret, Préfet du département du Haut-Rhin. Monsieur Joly, Inspecteur des Ecoles primaires. Paris, Lyon, Strasbourg, Lisbonne, la Tamise, le Tage, le Rhin, etc.

D. Les lettres capitales ne s'em-ploient-elles pas encore en d'au-tres circonstances?

R. On les emploie encore au commencement des noms de scien-ces, d'arts, lorsque ces noms sont le principal sujet d'un discours; au commencement d'un écrit, d'un vers et d'une phrase, si la phrase précédente se termine par un point.

FABLES
CHOISIES DES MEILLEURS AUTEURS.

Le Coq et la Perle

Un jour un coq détourna
Une perle qu'il donna
Au beau premier lapidaire.
Je la crois fine, dit-il,
Mais le moindre grain de mil
Serait bien mieux mon affaire.

Un ignorant hérita,
D'un manuscrit qu'il porta
Chez son voisin le libraire.
Je crois, dit-il, qu'il est bon;
Mais le moindre ducaton
Serait bien mieux mon affaire.

(LAFONTAINE).

Le Lion abattu par l'Homme.

On exposait une peinture
Où l'artisan avait tracé
Un lion d'immense stature
Par un seul homme terrassé,
Les regardans en tiraient gloire;
Un lion en passant rabattit leur caquet :
Je vois bien, dit-il, qu'en effet
On vous donne ici la victoire :
Mais l'ouvrier vous a déçus;
Il avait la liberté de feindre.
Avec plus de raison nous aurions le dessus,
Si mes confrères savaient peindre.

(LAFONTAINE.)

La Cigale et la Fourmi.

La cigale, ayant chanté
Tout l'été,

Se trouva fort dépourvue
Quand la bise fut venue :
Pas un seul petit morceau
De mouche ou de vermisseau !
Elle alla crier famine
Chez la fourmi sa voisine,
La priant de lui prêter
Quelque grain pour subsister
Jusqu'à la saison nouvelle :
Je vous paierai, lui dit-elle,
Avant l'août, foi d'animal,
Intérêt et principal.
La fourmi n'est pas prêteuse ;
C'est là son moindre défaut :
Que faisiez-vous au temps chaud ?
Dit-elle à cette emprunteuse. —
Nuit et jour à tout venant
Je chantais, ne vous déplaise. —
Vous chantiez ! j'en suis fort aise.
Hé bien ! dansez maintenant.   (LAFONTAINE).

Le Jeune Homme et la Fortune.

Un homme au bord d'un puits se trouvant endormi,
La Fortune l'éveille, et lui dit : Mon ami,
Tu n'aurais pas manqué d'accuser la Fortune,
Si tu fusses tombé ; c'est la plainte commune.

Un jeune homme s'était couché sur le bord
d'un puits : pendant qu'il dormait, la Fortune

passa. Celle-ci n'eut pas plutôt reconnu le danger où l'autre était, qu'elle courut à lui, et le tira par le bras. Mon fils, lui dit-elle, en l'éveillant, si vous étiez tombé dans ce puits, on n'aurait pas manqué de m'en imputer la faute. Cependant je vous laisse à penser si c'eût été la mienne ou la vôtre.

La Fortune eut raison. Tombe-t-on lourdement!
C'est sur elle que l'on s'excuse,
C'est toujours son aveuglement,
Jamais le nôtre qu'on accuse.   (Esope).

Le Voleur et le Pauvre Homme.

Un pauvre homme aperçut dans sa chambre la nuit,
Un voleur qui croyait trouver là quelque somme :
Il fit un cri si grand, que le voleur s'enfuit,
Et laissa son manteau, qui servit au pauvre homme.

Un voleur entra pendant la nuit dans la chambre d'un pauvre homme : au bruit qu'il fit en ouvrant la porte, l'autre, qui dormait, s'éveilla, et jeta, d'épouvante, un tel cri, que toute la maison en retentit. Le voleur, qui ne s'y attendait pas, en fut lui-même si effrayé que, sans penser au manteau qu'il cherchait, il jeta celui qui était sur ses épaules, pour fuir plus vite, et sortit du logis. Ainsi la perte tomba

sur celui qui croyait gagner, et le gain sur celui
qui comptait perdre. Puissent tous les voleurs
faire d'aussi bonnes affaires !

Larrons ! au cri d'un seul, tremblaient du temps
        d'Esope ;
Mais comptez qu'aujourd'hui tels ne sont en
        Europe :
Thémis, pour certains cas, en a vu dans ses fers,
Qui riraient en prenant les cris de l'univers.

(Esope).

La Femme qui tond sa Brebis.

La brebis que tondait sa maîtresse inhumaine,
Disait de temps en temps, se sentant écorcher,
Si vous voulez ma vie, appelez le boucher :
Appelez le tondeur, si vous voulez ma laine.

Une femme tondait sa brebis, ou, pour
mieux dire, l'écorchait, tant elle s'y prenait
mal. Cependant la brebis lui criait : Eh ! de
grâce, si vous voulez avoir ma peau, man-
dez le boucher; mais si vous n'en voulez qu'à
ma laine, faites venir le tondeur.

      On avait sujet de crier.
Dans le métier d'autrui nul n'est bon ouvrier :
Que chacun donc, toujours renfermé dans sa sphère,
Ne se mêle jamais que de ce qu'il sait faire.

(Esope).

Le Bouvier et la Chèvre.

Un bouvier rompt la corne à la chèvre, et le traître
La priant de ne point en parler à leur maître :
       Eh ! lui dit-elle, pauvre sot,
Le verra-t-il pas bien, quand je n'en dirais mot ?
   Un bouvier frappa une chèvre à la tête,
et si rudement, qu'il lui rompit une de ses
cornes. Il ne l'eut pas plutôt fait, qu'il s en
repentit, et pria la chèvre de n'en point parler au maître du troupeau. Hé, pauvre sot,
répliqua l'autre, quand je serais assez bonne
pour ne lui en rien dire, n'a-t-il pas des yeux
pour voir qu'il me manque une corne.
C'est en vain que le sot veut couvrir sa bévue,
Dans le temps qu'elle est claire, et frappe notre vue :
Sans y perdre son temps, il ferait beaucoup mieux
De convenir d'abord de ce qui saute aux yeux.
                  (Esope).

L'Oiseau blessé par une flèche.

   Mortellement atteint d'une flèche empennée,
Un oiseau déplorait sa triste destinée,
Et disait en souffrant un surcroît de douleur :
Faut-il contribuer à son propre malheur !
   Cruels humains ! vous tirez de nos ailes
De quoi faire voler ces machines mortelles !
Mais ne vous moquez point, engeance sans pitié :
Souvent il vous arrive un sort comme le nôtre

Des enfans de Japet toujours une moitié
  Fournira des armes à l'autre. (LAFONTAINE).

Le Corbeau et le Renard.

Maître corbeau sur un arbre perché,
  Tenait en son bec un fromage.
Maître renard, par l'odeur alléché,
  Lui tint à-peu-près ce langage :
  Hé ! bon jour, monsieur du corbeau !
Que vous êtes joli ! que vous me semblez beau !
  Sans mentir, si votre ramage
  Se rapporte à votre plumage,
Vous êtes le phénix des hôtes de ces bois.
A ces mots le corbeau ne se sent pas de joie ;
  Et pour montrer sa belle voix,
Il ouvre un large bec, laisse tomber sa proie.
Le renard s'en saisit, et dit : Mon bon monsieur,
  Apprenez que tout flatteur
  Vit aux dépens de celui qui l'écoute.
Cette leçon vaut bien un fromage, sans doute.
  Le corbeau, honteux et confus,
Jura, mais un peu tard, qu'on ne l'y prendrait plus.

(LAFONTAINE.)

La Mort et le Bûcheron.

Un pauvre bûcheron, tout couvert de ramée,
Sous le faix du fagot aussi bien que des ans,
Gémissant et courbé, marchait à pas pesants,
Et tâchait de gagner sa chaumine enfumée.

Enfin, n'en pouvant plus d'efforts et de douleur,
Il met bas son fagot, il songe à son malheur.
Quel plaisir a-t-il eu depuis qu'il est au monde?
En est-il un plus pauvre en la machine ronde?
Point de pain quelquefois et jamais de repos,
Sa femme, ses enfans, les soldats, les impôts,
   Le créancier et la corvée,
Lui font d'un malheureux la peinture achevée.
Il appelle la Mort. Elle vient sans tarder,
   Lui demande ce qu'il faut faire.
   C'est, dit-il, afin de m'aider
A recharger ce bois; tu ne tarderas guères.
   Le trépas vient tout guérir;
   Mais ne bougeons d'où nous sommes:
   Plutôt souffrir que mourir,
   C'est la devise des hommes.
       (*Idem*).

Les Plaideurs et l'Huître.

Un jour, dit un auteur, n'importe en quel chapitre,
Deux voyageurs à jeun rencontrèrent une huître.
Tous deux la contestaient, lorsque dans leur chemin
La Justice passa, la balance à la main.
Devant elle à grand bruit ils expliquent la chose,
Tous deux avec dépens veulent gagner leur cause.
La Justice, pesant ce droit litigieux,
Demande l'huître, l'ouvre, et l'avale à leurs yeux;
Et par ce bel arrêt terminant la bataille :
Tenez; voilà, dit-elle à chacun, une écaille.
Des sottises d'autrui nous vivons au palais.
Messieurs, l'huître était bonne. Adieu. Vivez en paix.
       (Boileau).

BOUQUETS

A L'USAGE

DES ENFANS, LE JOUR DE LA FÊTE DE LEURS PARENS.

A un Père ou à une Mère.

La fleur que j'ose vous offrir,
Craint d'Éole en fureur le souffle redoutable,
L'aquilon, les frimats peuvent bien la ternir;
Mais quant à mon amour il est inaltérable.

A une Mère.

Si l'homme avait le don de la métamorphose,
Bonne maman, à l'instant tu verrais
Mon tendre cœur devenir une rose,
Qu'en ce beau jour je te présenterais.
Mais ne pouvant te faire cette offrande,
Je veux y suppléer par cette belle fleur,
Daigne la recevoir. L'amitié te commande
D'en disposer ainsi que de mon cœur.

A un Père.

Pour vous fêter j'interroge mon cœur;
Il me dit en votre faveur,

Tout ce qu'il est de plus tendre.
J'aime beaucoup à l'entendre,
Car qui fait votre éloge ajoute à mon bon—
heur.

A un Père ou à une Mère.

Lorsque je vois que tout s'apprête,
Pour solenniser ce beau jour ;
Mon cœur satisfait de la fête,
Vient vous exprimer son amour.
A la fleur que je vous présente,
Se réunissent tous mes vœux :
J'aurai toujours l'âme contente,
Quand mes parens seront heureux.

COMPLIMENS

POUR

LE PREMIER JOUR DE L'AN.

Lorsque le nouvel an commence,
Votre fils, cher papa, vous exprime les vœux
Qu'il adresse à la Providence
Pour que vos jours soient aussi longs
qu'heureux.

Aujourd'hui l'an se renouvelle,
Et votre enfant plein d'amour, plein de zèle,
Vient près de vous, n'écoutant que son cœur,
Vous souhaiter le plus parfait bonheur.

Je fais des vœux, ô ma chère maman,
Pour que le Ciel pendant ce nouvel an
        Et plusieurs autres qui vont suivre,
Dans un parfait bonheur vous permette
        de vivre.

Un nouvel an commence, et je viens, ô
        mon père,
Vous exprimer les vœux de mon amour
        sincère.
Puisse le Ciel accorder à vos jours,
Le plaisir, le bonheur et surtout un long
        cours.

FIN.

BELFORT, de l'Imprimerie de J.-P. CLERC.

www.ingramcontent.com/pod-product-compliance
Ingram Content Group UK Ltd.
Pitfield, Milton Keynes, MK11 3LW, UK
UKHW022305120726
13694UKWH00003B/1248